a skoro - школа	2
a koiri - путовање	5
a transport - транспорт	8
a foto - град	10
a landschap - пејсаж	14
a restaurant - ресторан	17
a wenkri - супермаркет	20
a dringi - напитци	22
a nyan - јело	23
a burugron - сеоско газдинство	27
a oso - кућа	31
a foroisi - дневна соба	33
a botrali - кухиња	35
a was oso - купаоница	38
a pikin kamra - дечија соба	42
a krosi - одећа	44
a kantoro - канцеларија	49
a ekonomia - економија	51
den kari - занимања	53
a wrokosani - алати	56
den poku sani - музички инструмент	57
a meti dyari - зоолошки врт	59
a sport - спорт	62
den aktifiteit - активности	63
a famiri - породица	67
a skin - тело	68
a ati oso - болница	72
a nowtu - хитни случај	76
a grontapu - земља	77
oloisi - сат	79
a wiki - седмица	80
a yari - година	81
den form - облици	83
kloru - боје	84
difrenti - супротности	85
den nomru - бројеви	88
den tongo - језици	90
suma / sang / fa - ко / шта / како	91
pe - где	92

Impressum
Verlag: BABADADA GmbH, Nedderfeld 112 , 22529 Hamburg
Geschäftsführer / Verlagsleitung: Harald Hof
Druck: Books on Demand GmbH, In de Tarpen 42, 22848 Norderstedt

Imprint
Publisher: BABADADA GmbH, Nedderfeld 112 , 22529 Hamburg, Germany
Managing Director / Publishing direction: Harald Hof
Print: Books on Demand GmbH, In de Tarpen 42, 22848 Norderstedt

a skoro
школа

- prati — делити
- a bord — плоча
- a klas — учиона
- a skoro dyari — школско двориште
- a leriman — наставник
- a papira — папир
- skrifi — писати
- a pen — хемијска оловка
- a tafra — писаћи сто
- a lati — лењир
- a buku — књига
- a studenti — ученик

a skorotas

торба

a kisi

перница

a skriftiki

графитна оловка

a srapu

шиљило за оловке

a sisibi

гумица за брисање

a prenki buku

блок за цртање

a prenki
цртеж

a kwasi
кист

a ferfidosu
кутија са бојама

a sisei
маказе

a gomma
лепило

a skrifbuku
бележница

a skorowroko
домаћи задатак

a nomru
број

teri
сабирати

koti
одузимати

vermenigvuldig
множити

teri
рачунати

a brifi
слово

a alfabet
абецеда

a wortu
реч

a skoro - школа

a wortu

текст

lesi

читати

a kreiti

креда

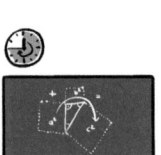

a yuru

час

a klasbuku

дневник

a examen

испит

a skoropapira

сведочанство

a sem skoro krosi

школска униформа

a skoro

образовање

a encyklopedie

лексикон

a unifersiteit

универзитет

a mikroskoop

микроскоп

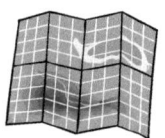

a karta

карта

a doti embre

кошара за папир

a koiri
путовање

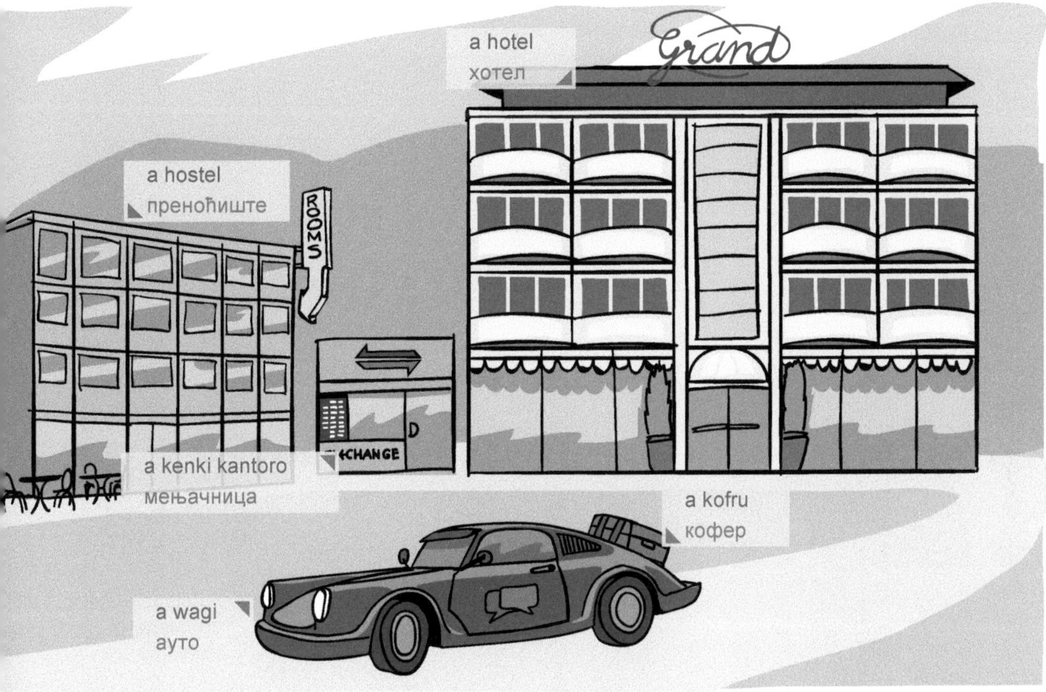

a hotel
хотел

a hostel
преноћиште

a kenki kantoro
мењачница

a kofru
кофер

a wagi
ауто

a tongo

језик

ai / no

да / не

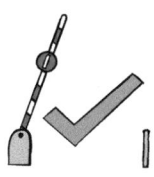

afen

океј

Ei!

здраво

a torku

преводилац

Grantangi

хвала

a koiri - путовање

O meni...?
Колико кошта...?

Mi ne ferstan
не разумем

a problema
проблем

Kuneti!
добро вече!

Morgu!
Добро јутро!

Kuneti!
Лаку ноћ!

Adyosi!
довиђења

a beni
смер

a bagasi
пртљага

a tas
торба

a tas
руксак

a fisiti
гост

a kamra
соба

a sribi saka
врећа за спавање

a tenti
шатор

a reiskantoro
туристичке информације

a sekanti
плажа

a kreditkarta
кредитна картица

a mamanten nyanyan
доручак

nyanyan
ручак

a nyanyan
вечера

a karta
карта за вожњу

a lift
лифт

a stampu
поштанска маркица

a lanki
граница

a douane
царина

a ambassade
амбасада

a fisa
виза

a pasportu
пасош

a koiri - путовање

a transport
транспорт

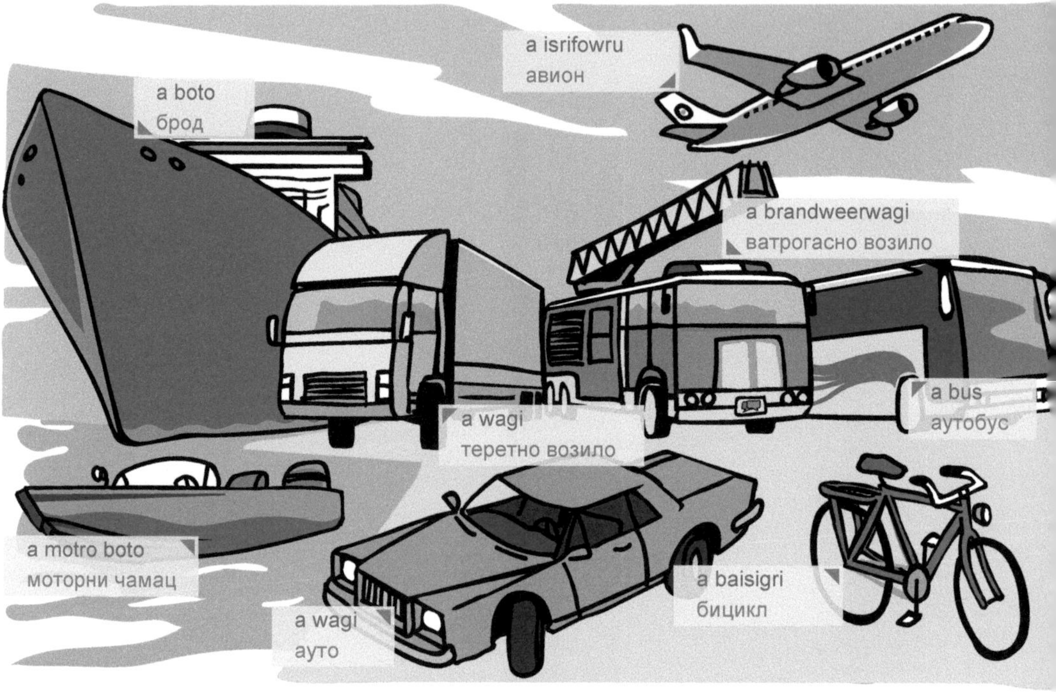

a isrifowru — авион
a boto — брод
a brandweerwagi — ватрогасно возило
a wagi — теретно возило
a bus — аутобус
a motro boto — моторни чамац
a wagi — ауто
a baisigri — бицикл

a pondo

трајект

a boto

чамац

a motro

мотоцикл

a skowtu wagi

полицијски ауто

a streilon wagi

тркаћи ауто

a yuru wagi

изнајмљено ауто

a wagi prati

дељење аутомобила

a takelwagi

вучно возило

a doti wagi

возило за одвоз смећа

a motro

мотор

a oli

бензин

a oli pompu

бензинска станица

a ferkeermarki

саобраћајни знак

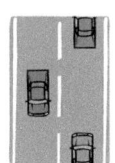

a ferkeer

саобраћај

a reylo

застој

a parkeerpresi

паркиралиште

a lokopresi

железничка станица

den rail

шине

a loko

воз

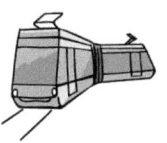

a loko

трамвај

a wagi

вагон

a transport - транспорт

a helikopter

хеликоптер

a opolangi

аеродром

a fortresi

кула

a pasasir

путник

a kontainer

контејнер

a doso

картон

a wagi

колица

a baskita

корпа

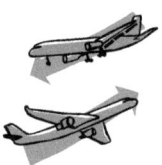

opo go / saka

узлетети / слетети

a foto
град

a dorpu

село

a fotosei

центар града

a oso

кућа

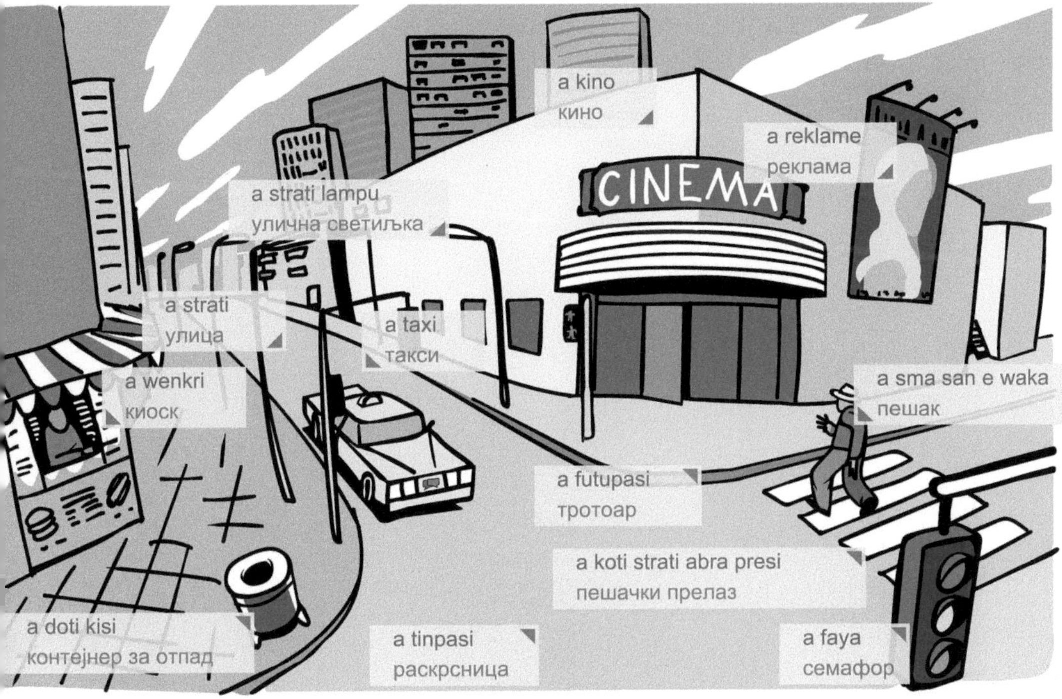

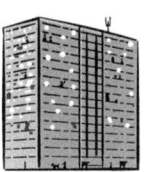

a kampu
колиба

a oso
стан

a lokopresi
железничка станица

a foto oso
већница

a museum
музеј

a skoro
школа

a foto - град

a unifersiteit

универзитет

a bangi

банка

a ati oso

болница

a hotel

хотел

a apteiki

апотека

a kantoro

канцеларија

a buku winkri

књижара

a wenkri

продавница

a bromki winkri

цвећара

a wenkri

супермаркет

a wowoyo

трг

a wowoyo

робна кућа

a fisi seri man

рибарница

a bigi wenkri

трговачки центар

a lanpresi

лука

a foto - град

a park
парк

a bangi
клупа

a broki
мост

a trapu
степенице

a fatyawagi
подземна железница

a ondrogron-strati
тунел

a bushalte
аутобуска станица

a bar
бар

a restaurant
ресторан

a brifibus
поштанско сандуче

a strati nen marki
улични знак

a parkeer marki
паркирни аутомат

a meti dyari
зоолошки врт

a swen presi
базен

a gado-oso
џамија

a foto - град

a burugron
сеоско газдинство

a doti sani
загађење околине

a berpe
гробље

a kerki
црква

a prei presi
игралиште

a gado-oso
храм

a landschap
пејсаж

a wiwiri — лист
a pasi marki — путоказ
a pasi — пут
a wei — ливада
a ston — камен
a bon — дрво
a koiri sma — шетач
a libi — река
a grasi — трава
a bromki — цвет

a landschap - пејсаж

a lagi presi

долина

a lebriki

планина

a fisi-olo

језеро

a busi

шума

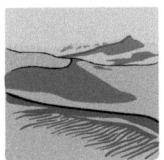

a dreisabana

пустиња

a bergi

вулкан

a ridder-oso

дворац

a alenbo

дуга

a todoprasoro

гљива

a palmbon

палма

a maskita

москито

a freifrei

мува

a mira

мрав

a waswasi

пчела

a anansi

паук

a landschap - пејсаж

a asege
буба

a todo
жаба

a bonboni
веверица

a agidya
јеж

a kon koni
зец

a owru kuku
сова

a fowru
птица

a gansi
лабуд

a werder agu
дивља свиња

a dia
јелен

a dia
лос

a dan
насип

a winti miri
ветрењача

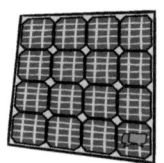
a son planga
соларна плоча

a weer
клима

a landschap - пејсаж

a restaurant
ресторан

a diniman / конобар

a nyankarta / јеловник

a sturu / столица

a supu / супа

a pissa / пица

nefi nanga forku / прибор за јело

tafra duku / стољњак

a fesi nyanyan
предјело

a moro prenspari sortu nyan
главно јело

a switi sani
десерт

a dringi
напитци

a nyan
јело

a batra
флаша

a restaurant - ресторан

a fastfood
брза храна

strati nyanyan
имбис храна

a tépatu
чајник

sukru patu
доза за шећер

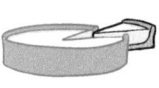
a krab'patu
порција

a espressomasyin
апарат за еспресо

a pikin sturu
висока столица

a borgu
рачун

a brakri
послужавник

a nefi
нож

a forku
виљушка

a spun
кашика

a téspun
чајна кашика

a servet
салвета

a grasi
чаша

a restaurant - ресторан

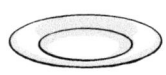

a preti

тањир

a supu preti

тањир за супу

a skotriki

тањирић

a sowsu

сос

a sowtupatu

сољенка

a pepre miri

млин за бибер

a asin

сирће

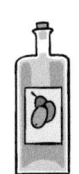

a oli

уље

den specerij

зачини

a ketchup

кечап

a mosterd

сенф

a mayonaise

мајонеза

a restaurant - ресторан

a wenkri

супермаркет

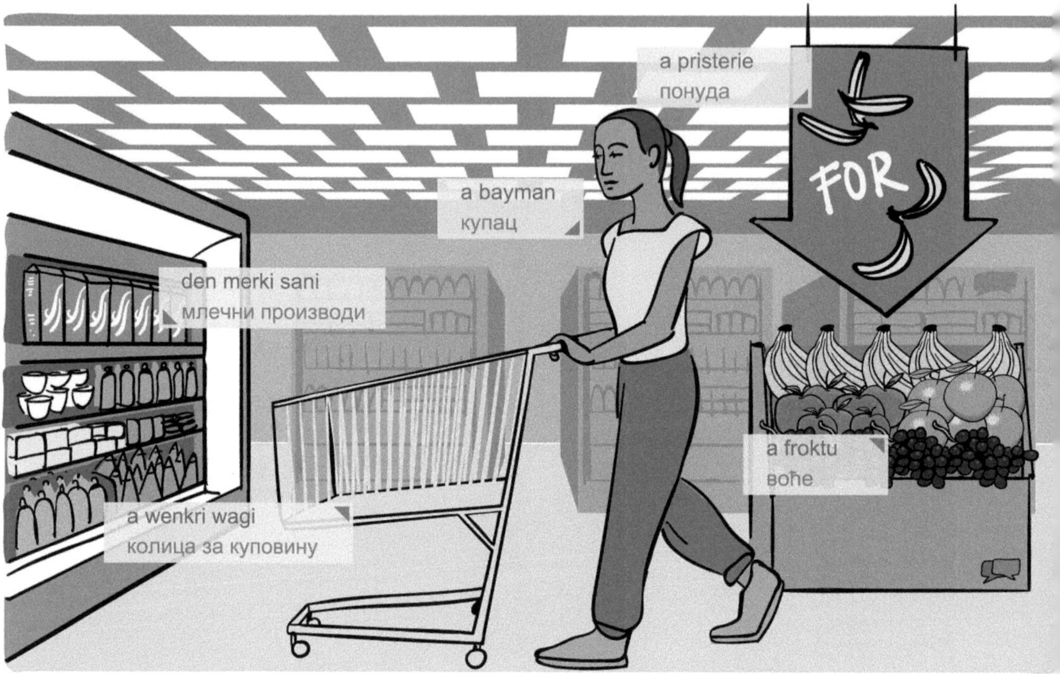

a pristerie
понуда
a bayman
купац
FOR
den merki sani
млечни производи
a froktu
воће
a wenkri wagi
колица за куповину

BUTCHERS

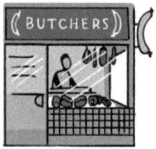

a srakti-oso

месница

BAKERY

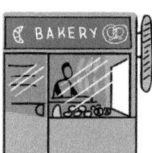

a bakri-oso

пекара

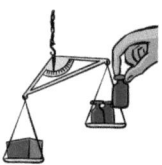

wegi

вагати

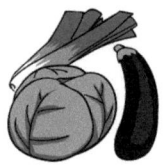

a gruntu

поврће

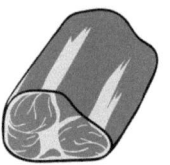

a meti

месо

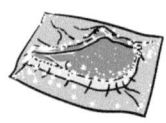

den ijskasi sani

смрзнута храна

a kowru meti
нарезак

a blik nyan
конзерве

a wasi sani
средство за прање

a switi sani
слаткиши

den oso sani
артикли за домаћинство

a sani fu krin
средства за чишћење

a seri sma
продавачица

a kas
благајна

a kasman
благајник

a bai marki
листа за куповину

den opo yuru
време рада

a portmoni
новчаник

a kreditkarta
кредитна картица

a tas
торба

a plastik saka
пластична кеса

a wenkri - супермаркет

a dringi
напитци

a watra
вода

a sap
сок

a merki
млеко

a kola
кола

a win
вино

a biri
пиво

a sopi
алкохол

a skrati
какао

a té
чај

a kofi
кава

a espresso
еспресо

a kappuccino
капућино

a nyan
јело

a bakba
банана

a apra
јабука

a apresina
наранџа

a watramun
лубеница

a sitrun
лимун

a rutu
шаргарепа

a konofroku
бели лук

a bambu
бамбус

a aiun
лук

den todoprasoro
гљива

den noto
орашасти плодови

a pasta
резанци

a spaghetti — шпагете

a alesi — рижа

a salade — салата

a patata — помфрит

den baka patata — печени крумпир

a pissa — пица

a burger — хамбургер

a brede — сендвич

a schnitsel — шницла

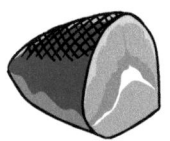

a ameti — шунка

a salami — салама

a worst — кобасица

a kafowru — кокош

a bakadina — печење

a fisi — риба

a nyan - јело

a hafermout

зобене пахуљице

a muesli

мусли

den karuflakes

кукурузне пахуљице

a blon

брашно

a croissant

кроасан

den brede

пециво

a brede

хлеб

a baka brede

тоаст

a buskutu

кекси

a botro

маслац

a kwark

свежи сир

a kuku

колач

a eksi

јаје

a baka eksi

јаје на око

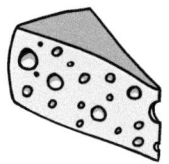

a kasi

сир

a nyan - јело

a ice-cream
сладолед

a sukru
шећер

a oni
мед

a jam
мармелада

a sukruskrati pasta
нугат крема

a kerrie
кари

a nyan - јело

a burugron
сеоско газдинство

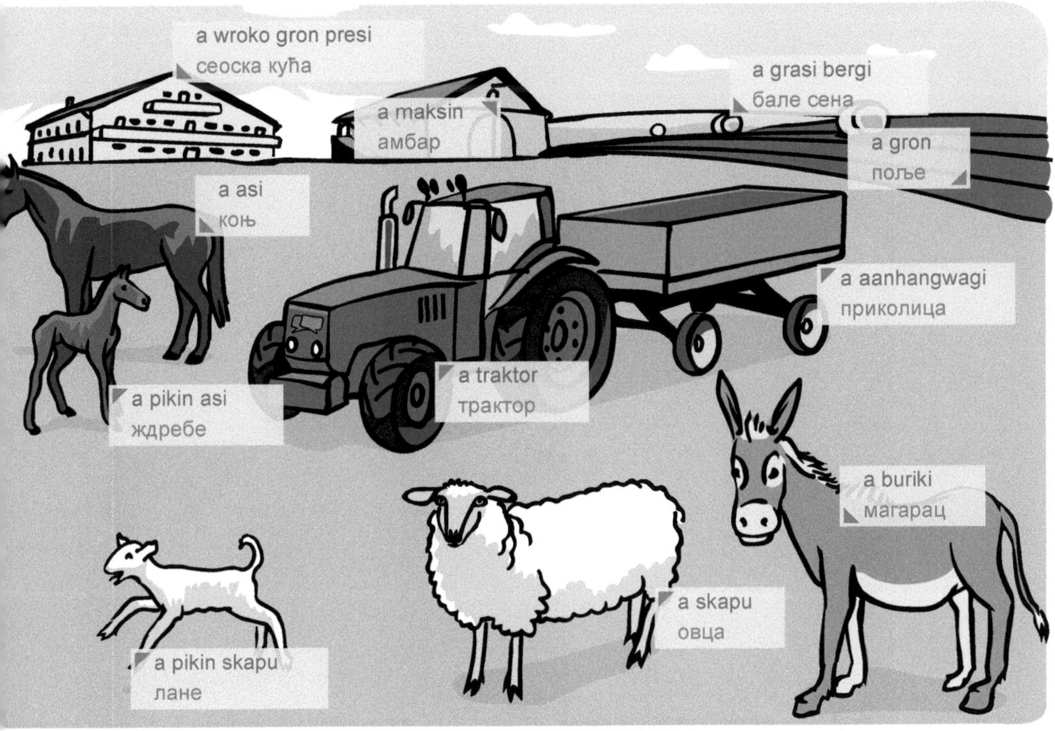

- a wroko gron presi — сеоска кућа
- a maksin — амбар
- a grasi bergi — бале сена
- a gron — поље
- a asi — коњ
- a aanhangwagi — приколица
- a pikin asi — ждребе
- a traktor — трактор
- a buriki — магарац
- a pikin skapu — лане
- a skapu — овца

a krabita

коза

a kaw

крава

a pikin kaw

теле

a agu

свиња

a pikin agu

прасе

a burkaw

бик

a gansi

гуска

a doksi

патка

a pikin fowru

пилићи

a fowru

кокош

a kakafowru

петао

a alata

пацов

a puspusi

мачка

a moismoisi

миш

a burkaw

вол

a dagu

пас

a dagu pen

кућица за пса

a tuinslang

вртно црево

a watra kan

канта за поливање

a nefi

коса

a pluga

плуг

a burugron - сеоско газдинство

a babun-nefi
срп

a tyapu
мотика

a forku
виљушка за ђубриво

a beyri
секира

a kroiwagi
тачке

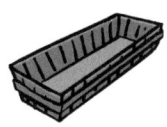
a baki
корито

a merki kan
посуда за млеко

a saka
врећа

a skotu
ограда

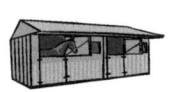
a pen
штала

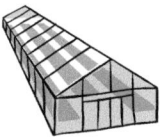
a grun kasi
стакленик

a gron
земља

a siri
семе

a doti
ђубриво

a maaidorser
комбајн

a burugron - сеоско газдинство

 koti жети	 a nyanyan жетва	 a yami јамс зачин
 a aleisi пшеница	 a soja соја	 a patata крумпир
 a karu кукуруз	 a koro siri уљана репица	 a froktu bon воћка
 a kasaba гомољ маниоке	 den siri житарице	

a oso
кућа

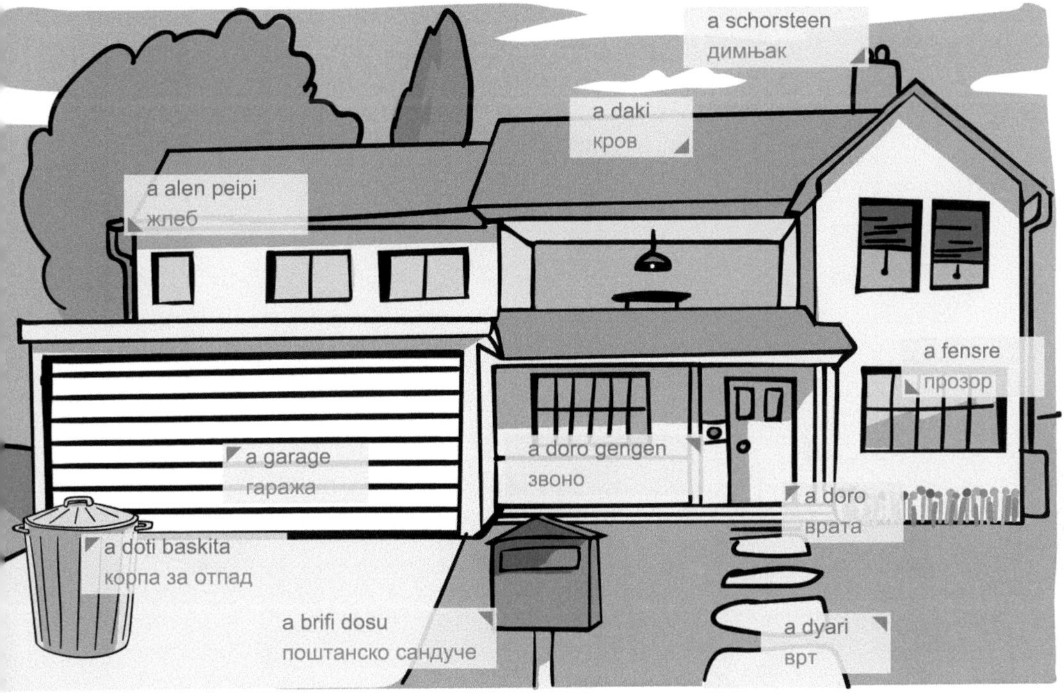

a schorsteen — димњак
a daki — кров
a alen peipi — жлеб
a fensre — прозор
a garage — гаража
a doro gengen — звоно
a doro — врата
a doti baskita — корпа за отпад
a brifi dosu — поштанско сандуче
a dyari — врт

a foroisi

дневна соба

a was oso

купаоница

a botrali

кухиња

a sribikamra

спаваћа соба

a pikin kamra

дечија соба

a nyanyan kamra

трпезарија

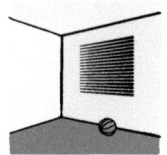

a gron

под

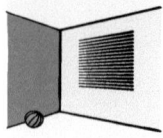

a skotu

зид

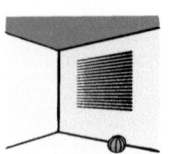

a plafon

строп

a kedre

подрум

a sauna

сауна

a barkon

балкон

a terras

тераса

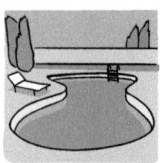

a swen presi

базен

a waimasyin

косилица за траву

a sribikrosi

постељина за кревет

a sribikrosi

дека за кревет

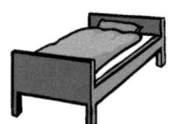

a bedi

кревет

a sisibi

метла

a embre

канта

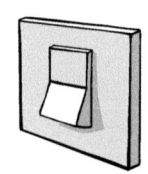

a san fu leti faya

прекидач

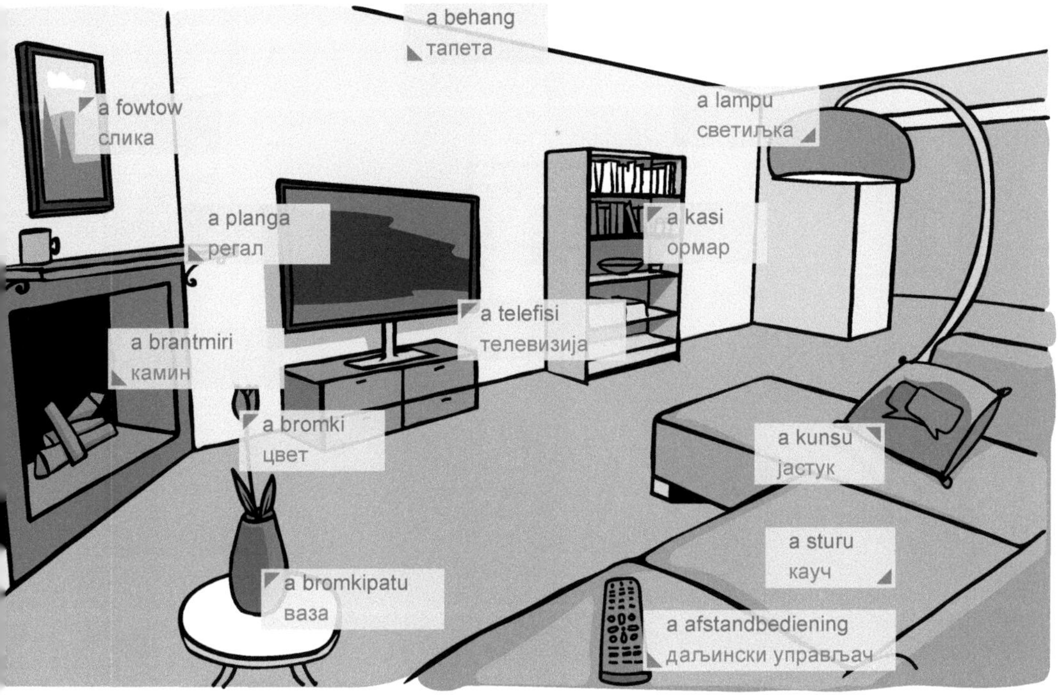

a foroisi
дневна соба

- a behang — тапета
- a fowtow — слика
- a lampu — светиљка
- a planga — регал
- a kasi — ормар
- a brantmiri — камин
- a telefisi — телевизија
- a bromki — цвет
- a kunsu — јастук
- a sturu — кауч
- a bromkipatu — ваза
- a afstandbediening — даљински управљач

a matamata
тепих

a garden
завеса

a tafra
сто

a sturu
столица

a boboisturu
столица за њихање

a sturu
фотеља

a foroisi - дневна соба

a buku
књига

a tapun
дека

a pranpran
декорација

a udu
дрво за огрев

a kino
филм

a stereo-installatie
хи-фи уређај

a sroto
кључ

a koranti
новине

a skedrei
слика на платну

a poster
постер

a konkrudosu
радио

a skrifi buku
блок за писање

a stofsuiger
усисивач

a kaktus
кактус

a kandra
свећа

a foroisi - дневна соба

a botrali
кухиња

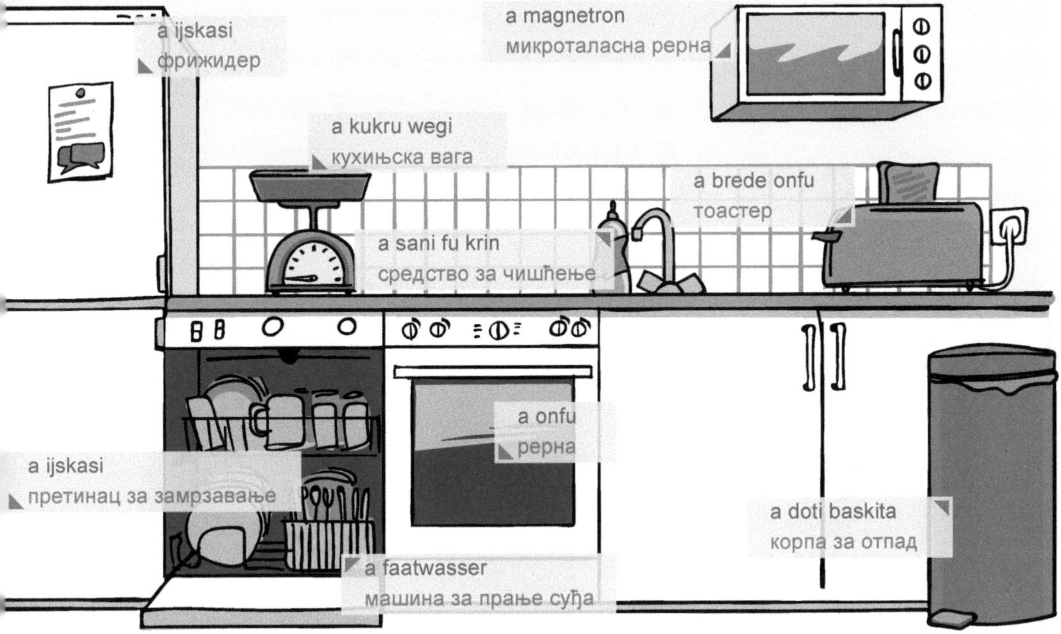

a ijskasi — фрижидер

a magnetron — микроталасна рерна

a kukru wegi — кухињска вага

a brede onfu — тостер

a sani fu krin — средство за чишћење

a ijskasi — претинац за замрзавање

a onfu — рерна

a doti baskita — корпа за отпад

a faatwasser — машина за прање суђа

a onfu

шпорет

a patu

лонац

a isri patu

гвоздени лонац

a wok / kadai

вок / кадаи

a pan

тава

a ketre

кувало за воду

a dampupatu

кувало на пару

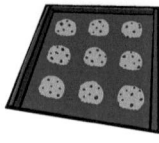

a baka preti

лим за печење

den tafra-sani

посуђе

a kan

чаша

a koba

посуда

den nyantiki

штапићи за јело

a supu spun

кутлача

a spatel

лопатица

a klutser

пењача

a fergiet

сито за кување

a dorodoro

сито

a gritigriti

рибеж

a mortier

мужар

a barbakoto

роштиљ

a faya presi

огњиште

a botrali - кухиња

a koti planga
даска

a blon lolo
оклагија

a korkutreki
вадичеп

a tromu
конзерва

a knefi fu opo blik
отварач конзерви

a patu duku
крпа за лонац

a wasibaki
судопер

a bosro
четка

a sponsu
сунђер

a blender
миксер

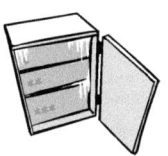
a ijskasi
замрзивач

a beibi batra
флашица за бебе

a kran
славина за воду

a botrali - кухиња

a was oso
купаоница

- a faya — грејање
- a wasduku — пешкир
- a douche — туш
- a bubbel wasi — пенушава купка
- a douche garden — завеса за туш
- a badkuip — када
- a grasi — чаша
- a wasmasyin — машина за прање веша
- den tegel — плочице
- a kran — славина за воду
- a pisi patu — тута
- a wasibaki — судопер

a kumakoisi

тоалет

a kumakoisi

чучавац

a bidet

бидет

a pisi presi

писоар

a kumakoisi papira

тоалетни папир

a kumakoisi bosro

четка за тоалет

a tifi bosro

четкица за зубе

a tandpasta

паста за зубе

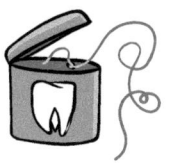

a floss

конац за зубе

wasi

прати

a douche

туш ручица

a kumakoisi douche

туш за прање интимних делова

a was koba

лавор

a baka bosro

четка за прање леђа

a sopo

сапун

a douchegel

гел за туширање

a sopo

шампон

a was krosi

крпа за прање

a afvoer

одвод

a krème

крема

a okselstik

дезодоранс

a was oso - купаоница

a spikri

огледало

a moimoi fu fesi spikri

козметичко огледало

a sebinefi

бријач

a sebiskuma

пена за бријање

a aftershave

лосион за после бријања

a kankan

чешаљ

a bosro

четка

a wiri drei masyin

фен за косу

a wirispray

спреј за косу

a moimoi fu fesi

шминка

a lippenstift

руж за усне

a nangra ferfi

лак за нокте

den katun

вата

a nangra sey

маказе за нокте

a switi smeri

парфем

a was oso - купаоница

a tas gi krin sani

козметичка торбица

a kroku

столица

a wegi

вага

a was dyaki

огртач

den handschoen fu krin

рукавице за чишћење

a tampon

тампон

a munduku

уложак

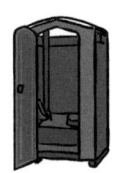

a kumakoisi

хемијски тоалет

a pikin kamra
дечија соба

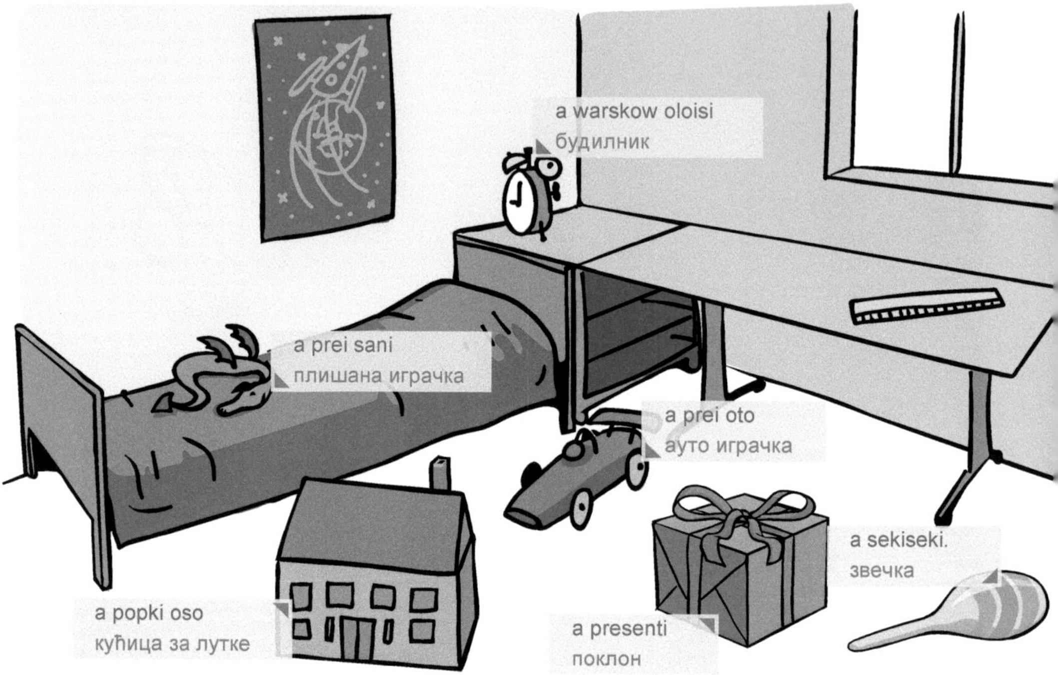

a warskow oloisi
будилник

a prei sani
плишана играчка

a prei oto
ауто играчка

a sekiseki.
звечка

a popki oso
кућица за лутке

a presenti
поклон

a ballon
балон

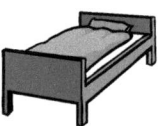

a bedi
кревет

a beibiwagi
дјечија колица

a paki karta
игра са картама

a laytori
слагалица

a strip torie
стрип

den lego ston

лего коцкице

den prei sani

коцкице за слагање

a aktiefiguurtje

акциони јунак

a beibikrosi

бенкица за бебе

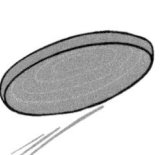

a frisbee

фризби

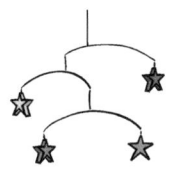

a mobile

висеће играчке

a prei tapu bord

друштвене игре

a prei ston

коцка

a prei sani loko

минијатурна жељезница

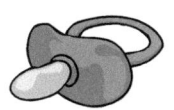

a bobimofo

дуда

a fesa

забава

a prenki buku

сликовница

a bal

лопта

a popki

лутка

prei

играти

a pikin kamra - дечија соба

a santi baki
пешчаник

a boboisturu
љуљачка

den preisani
играчка

a prei komputer
конзола за игре

a baysigri
трицикл

a prei sani
теди

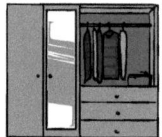
a krosikasi
ормар

a krosi
одећа

den kowsu
кратке чарапе

den kowsu
чарапе

a kowsu
хулахопке

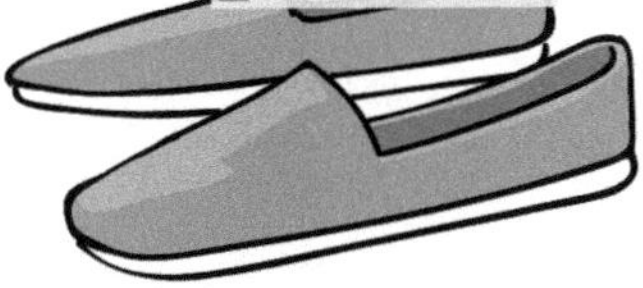

a sjaal
шал

a prasoro
кишобран

a bosroko
мајица

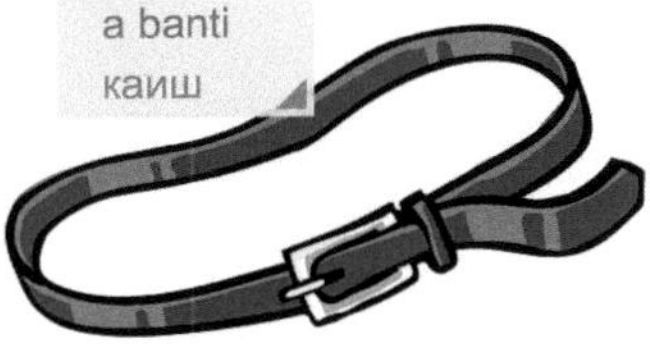

a banti
каиш

a buta
чизме

den slipper
папуче

den pata
патике

den susu
сандале

den susu
ципеле

a buta
гумене чизме

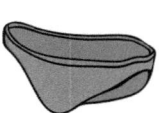

a jockey
гаћице

a bh
грудњак

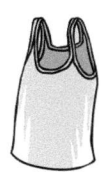

a kamsoro
поткошуља

a krosi - одећа

a skin
боди

a bruku
панталоне

a jeansbruku
фармерке

a koto
сукња

a blus
блуза

a empi
кошуља

a empi
џемпер

a dyaki
џемпер с капуљачом

a djakti
сако

a dyakti
јакна

a alendyakti
мантил

a alendyakti
кабаница

a paki
костим

a yapon
хаљина

a trowyapon
венчаница

a paki
одело

a sribikrosi
спаваћица

a sribikrosi
пиџама

a sari
сари

a angisa
марама за главу

a tulband
турбан

a burka
бурка

a kaftan
кафтан

a abaya
абаја

a swenkrosi
купаћи костим

a swenbruku
купаће гаћице

a syatu bruku
кратке панталоне

a training paki
одећа за тренинг

a feskoki
кецеља

a handschoen
рукавице

a krosi - одећа

a knopo
дугме

a aygrasi
наочаре

a anubuy
наруквица

a keti
огрлица

a linga
прстен

a yesilinga
наушница

a ati
капа

a krosi anga
вешалица

a ati
шешир

a tay
кравата

a rits
патент затварач

a feti musu
кацига

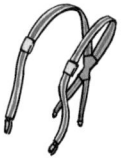

a bretel
наременице

a sem skoro krosi
школска униформа

a sem krosi
униформа

a krosi - одећа

a slabbetje
подбрадак

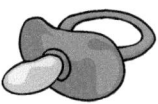
a bobimofo
дуда

a pisiduku
пелена

a kantoro
канцеларија

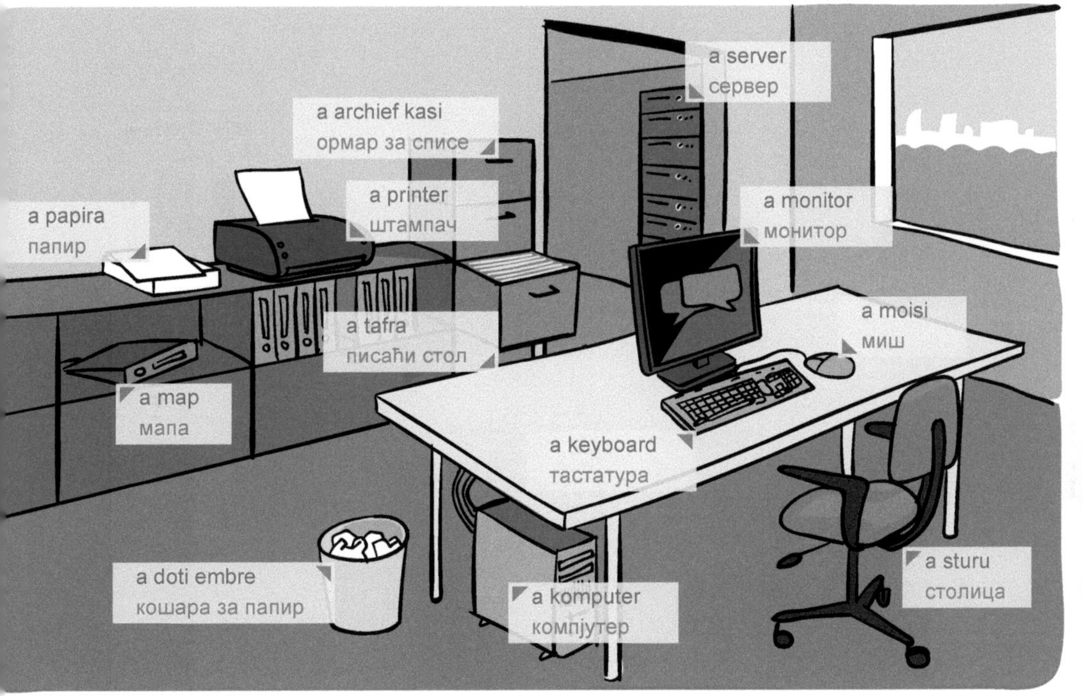

- a server — сервер
- a archief kasi — ормар за списе
- a printer — штампач
- a monitor — монитор
- a papira — папир
- a tafra — писаћи стол
- a moisi — миш
- a map — мапа
- a keyboard — тастатура
- a doti embre — кошара за папир
- a komputer — компјутер
- a sturu — столица

a kofi kan
шалица за каву

a kalkulator
калкулатор

a internet
интернет

a laptop

лаптоп

a brifi

писмо

a boskopu

порука

a konkrutitei

мобилни телефон

a neti

мрежа

a kopi masyin

уређај за копирање

a software

софтвер

a konkrutitei

телефон

a stopkontakt

утичница

a fax masyin

факс

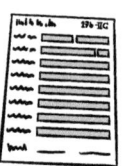

a formulier

формулар

a papira

документ

a ekonomia
економија

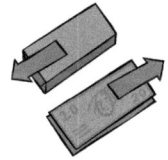
bai
куповати

pai
платити

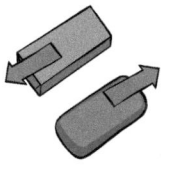
du
трговати

a moni
новац

a dollar
долар

a euro
евро

a yen
јен

a rubel
рубља

a frank
швајцарски франак

a renminbi yuan
ренминдби јуан

a rupie
рупија

a monimasyin
аутомат за новац

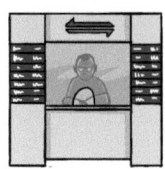
a kenki kantoro
мењачница

a gowtu
злато

a solfru
сребро

a oli
нафта

a krakti
енергија

a prijs
цена

a kontrakti
уговор

a lantimoni
порез

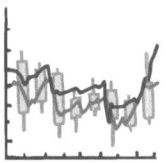
a pisi
деонице

wroko
радити

a wrokoman
службеник

a wrokobasi
послодавац

a fabrik
фабрика

a wenkri
продавница

a ekonomia - економија

den kari
занимања

a skowtu — полицајац

a brandweerman — ватрогасац

a piloot — пилот

a boriman — кувар

a datra — лекар

a djariman

вртлар

a temreman

столар

a modist

кројачица

a krutubasi

судија

a scheikunde sma

хемичар

a akteur

глумац

a bus sjafeur

возач аутобуса

a taximan

возач таксија

a fisiman

рибар

a krinsma

чистачица

a dakitapu man

кровопокривач

a diniman

конобар

a ontiman

ловац

a ferfiman

сликар

a bakriman

пекар

a elektrikman

електричар

a bow-wroko man

грађевински радник

a ensjinoru

инжењер

a sraktiman

месар

a loodgieter

лимар

a postbode

поштар

den kari - занимања

a srudati

војник

a architekt

архитекта

a kasman

благајник

a bromkisma

цвећар

a seti sma wiri man

фризер

a kondukteur

кондуктер

a monteur

механичар

a kapten

капетан

a tifidatra

зубар

a sabiman

научник

a Dyu domri

раби

a Moslim domri

имам

a moniki

монах

a priester

свећеник

den kari - занимања

a wrokosani
алати

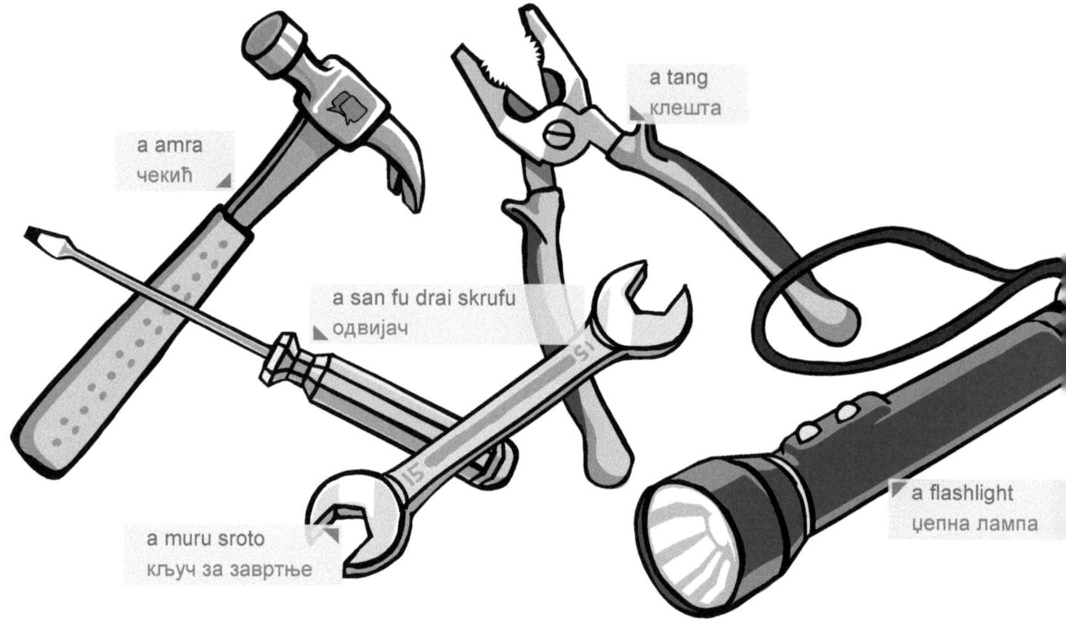

a amra
чекић

a tang
клешта

a san fu drai skrufu
одвијач

a muru sroto
кључ за завртње

a flashlight
џепна лампа

a dikimasyin

багер

a wrokosani kisi

кутија за алат

a trapu

мердевине

a sa

пила

den spikri

ексер

a boro

бушилица

meki
поправити

a skepi
лопата

Вауа!
до ђавола!

a stofblik
лопатица

a ferfi patu
лонац за боју

den skrufu
завртањи

den poku sani
музички инструмент

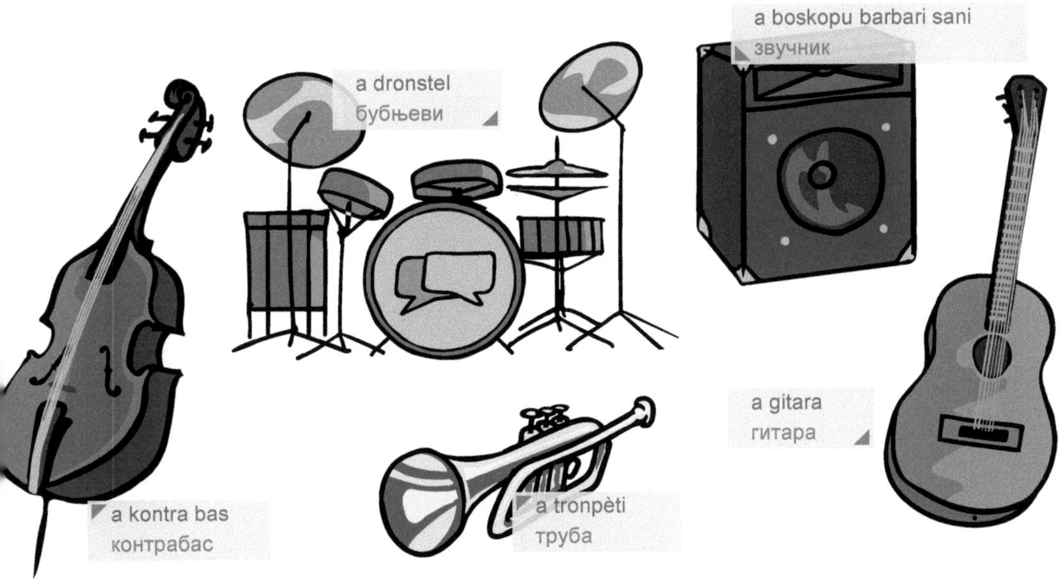

a boskopu barbari sani
звучник

a dronstel
бубњеви

a gitara
гитара

a kontra bas
контрабас

a tronpèti
труба

a piano	a finyoro	a bas
клавир	виолина	бас

a pauk	a dron	a keyboard
тимпани	удараљке за бубњеве	типке клавира

a saxofon	a froiti	a mikrofon
саксофон	флаута	микрофон

den poku sani - музички инструмент

a meti dyari
зоолошки врт

a mofodoro — улаз
a tigri — тигар
a pen — кавез
a sabanaburiki — зебра
a meti nyan — храна за животиње
a panda — панда

den meti

животиње

a asaw

слон

a kangeru

кенгур

a neushoorn

носорог

a gorilla

горила

a beer

медвед

a kameri
камила

a stroisifowru
ној

a lew
лав

a monki
мајмун

a korikori
фламинго

a popokai
папагај

a ijsbeer
поларни медвед

a pinguïn
пингвин

a sarki
ајкула

a prodokaka
паун

a sneki
змија

a kaiman
крокодил

a sma san e sorgu meti
чувар у зоолошком врту

a sedagu
туљан

a penitigri
јагуар

a pikin asi
пони

a penitigri
леопард

a watrabofru
нилски коњ

a giraf
жирафа

a aka
орао

a werder agu
дивља свиња

a fisi
риба

a sekrepatu
корњача

a walrus
морж

a sabanadagu
лисица

a dia
газела

a meti dyari - зоолошки врт

a sport
спорт

den aktifiteit
активности

skrifi	hari	sori
писати	цртати	показати
pusu	gi	teki
гурати	дати	узети

abi
имати

dati
чинити

de
бити

tnapu
стојати

lon
трчати

hari
повлачити

trowe
бацити

fadon
падати

lei
лежати

wakti
чекати

tyari
носити

sidon
седити

weri
облачити

sribi
спавати

wiki
пробудити се

den aktifiteit - активности

luku
....
гледати

krei
....
плакати

korikori
....
миловати

kan
....
чешљати

taki
....
говорити

ferstan
....
разумети

aksi
....
питати

arki
....
слушати

dringi
....
пити

nyanyan
....
јести

krin
....
поспремити

lobi
....
волети

bori
....
кухати

rei
....
возити

frei
....
летети

den aktifiteit - активности

seiri
пловити

teri
рачунати

lesi
читати

leri
учити

wroko
радити

trow
венчати се

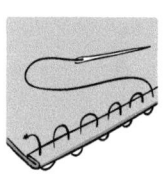

nai
шити

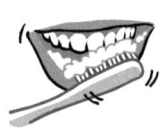

krintifi
прати зубе

kiri
убити

smoko
пушити

seni
послати

a famiri
породица

- a granmama — бака
- a granpapa — деда
- a papa — отац
- a mama — мајка
- a beibi — беба
- a umapikin — кћерка
- a manpikin — син

a fisiti

гост

a tanta

тетка

a omu

ујак, стриц

a brada

брат

a sisa

сестра

a famiri - породица

a skin
тело

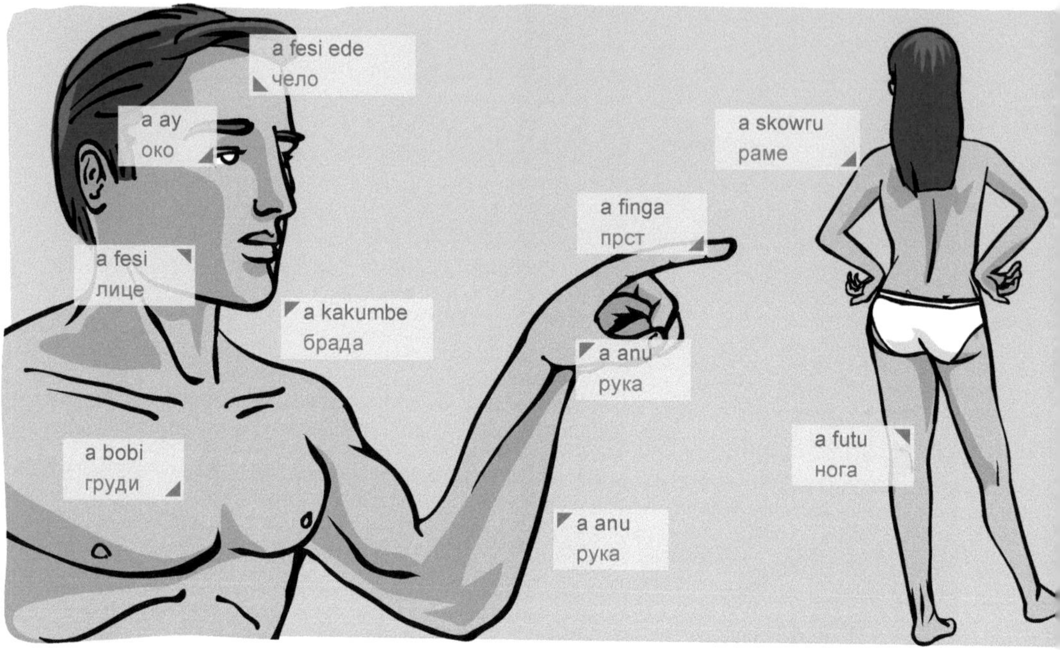

- a fesi ede — чело
- a ay — око
- a fesi — лице
- a kakumbe — брада
- a bobi — груди
- a skowru — раме
- a finga — прст
- a anu — рука
- a anu — рука
- a futu — нога

a beibi
беба

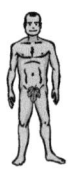

a man
мушкарац

a uma
жена

a uma pikin
девојчица

a boi
дечак

a ede
глава

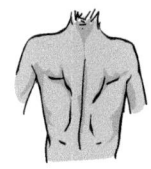

a baka

леђа

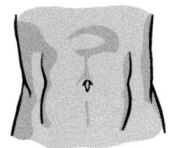

a bere

стомак

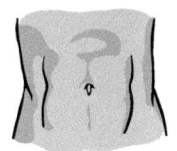

a kumba

пупак

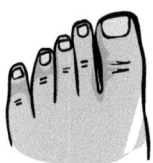

a futufinga

ножни прст

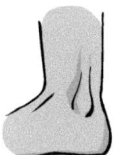

a bakafutu

пета

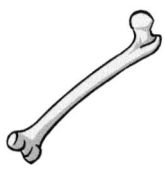

a bonyo

кост

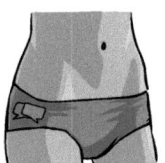

a djonku

кукови

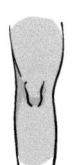

a kindi

колено

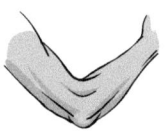

a baka anu

лакат

a noso

нос

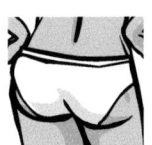

a bakasei

задњица

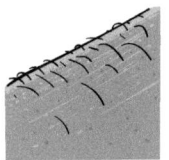

a skin

кожа

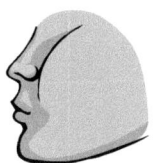

a seifesi

образ

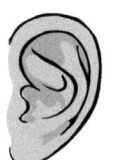

a yesi

уво

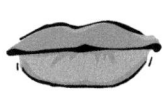

den mofobuba

усна

a skin - тело

a mofo

уста

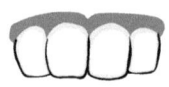

a tifi

зуб

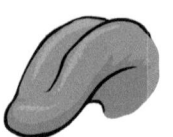

a tongo

језик

a ede tonton

мозак

a ati

срце

a titei

мишић

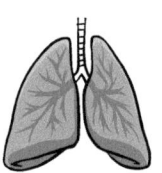

a fokofoko

плућа

a lefre

јетра

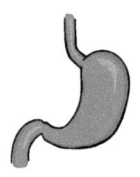

a bere

желудац

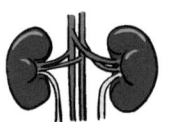

den niri

бубрези

a freiri

полни однос

a pipikowsu

кондом

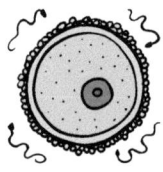

a eksi

јајна ћелија

a siri

сперма

a bere

трудноћа

a skin - тело

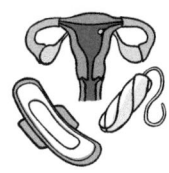

a munsiki

менструација

a umapresi

вагина

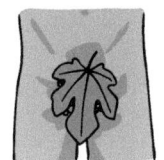

a toli

пенис

a tapu-ay-wiwiri

обрва

a wiwiri

коса

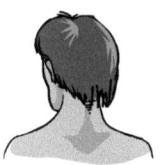

a neki

врат

a skin - тело

a ati oso
болница

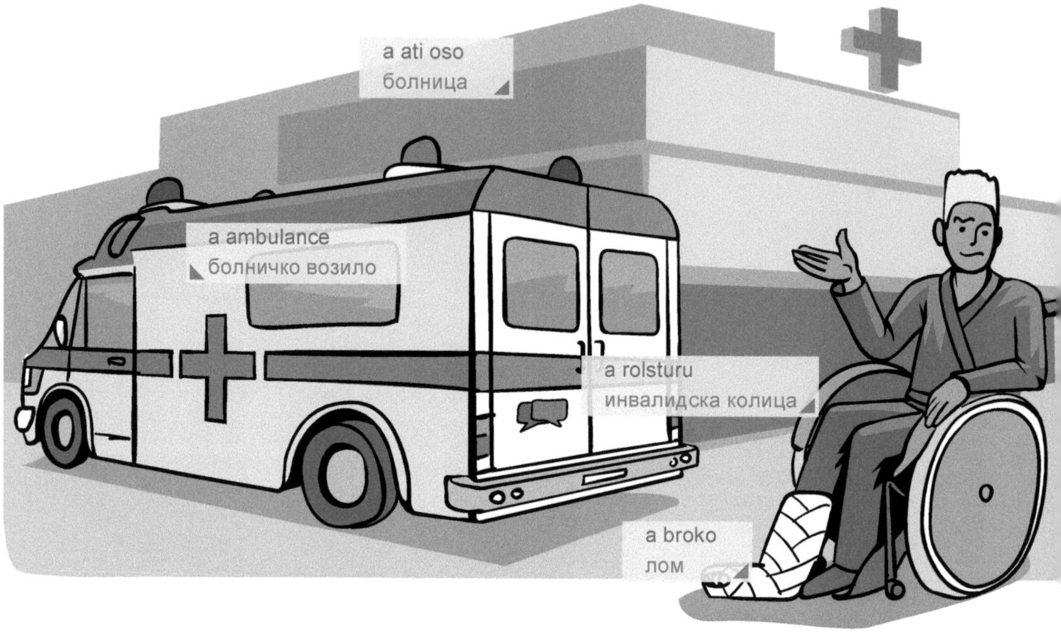

a ati oso
болница

a ambulance
болничко возило

a rolsturu
инвалидска колица

a broko
лом

a datra

лекар

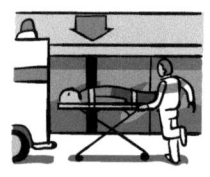

a EHBO

хитна медицинска служба

a suster

медицинска сестра

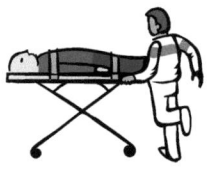

a nowtu

хитни случај

flaw

несвест

a pen

бол

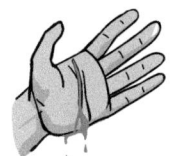 a soro повреда	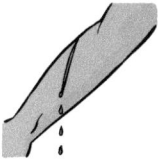 a brudu крварење	 a ati siki срчани удар
 a bururtu удар	 a trefu алергија	 koso кашаљ
 a kortsu грозница	 a griep грипа	 a lusu bere пролив
 a ede-ati главобоља	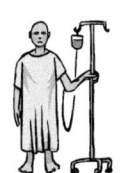 a takrusiki рак	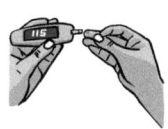 a sukru дијабетес
 a chirurg хирург	 a skalpel скалпел	 a operâsi операција

a ati oso - болница

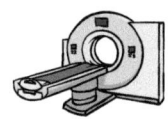

a CT

цт

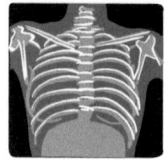

a röntgen

рентген

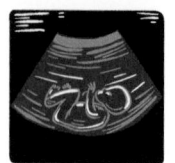

a echo

ултразвук

a fesi maskradu

маска

a siki

болест

a wakti kamra

чекаона

a kroku

штака

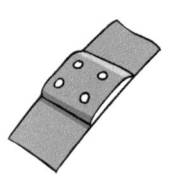

a duku

фластер

a duku

завој

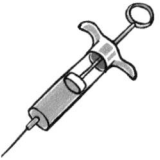

a spoiti

ињекција

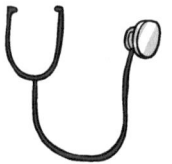

a stethoskoop

стетоскоп

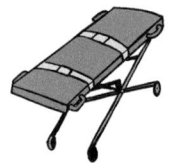

a brandkard

носила

a temperatuur marki

термометар

a gebore

рођење

a fatu

прекомерна тежина

a ati oso - болница

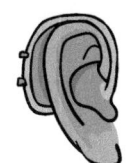
a masyin fu yere
слушни апарат

a sani fu krin
средство за дезинфекцију

a dyomposiki
инфекција

a firus
вирус

a HIV / AIDS
хив / аидс

a dresi
медицина

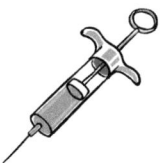
a faksinasi
вакцинација

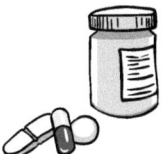
den perki
таблете

a perki
пилула

a nowtu nomru
хитни позив

a brudu marki
уређај за мерење притиска

siki / gesontu
болесно / здраво

a ati oso - болница

a nowtu
хитни случај

a warskow
аларм

a feti
насртај

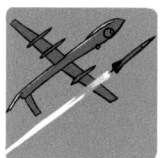
a feti
напад

a ogri
опасност

a nowtu doro
излаз у случају нужде

Yepi!
помоћ!

a fayakiri sani
противпожарни апарат

a mankeri
незгода

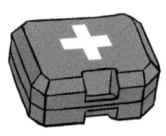
Faya!
пожар!

SOS
сос

a skowtu
полиција

a EHBO-kofru
кутија прве помоћи

a grontapu
земља

Bakrakondre
Европа

Opo-Amerkan
Северна Америка

Suid-Amerkan
Јужна Америка

Afrika
Африка

Asi
Азија

Australia
Аустралија

a Atlantis Se
Атлантик

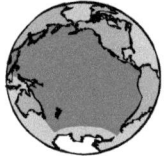
a Tan tiri Se
Пацифик

a Indisch Se
Индијски океан

a Suidsei Se
Антарктички океан

a Noordsei Se
Арктички океан

a Noordsei
Северни рол

a Suidsei

Јужни пол

Antartika

Антарктик

a grontapu

земља

a kondre

земља

a se

море

a eilanti

оток

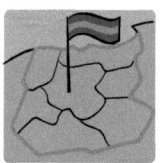

a nâsi

нација

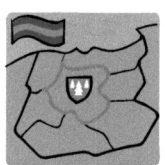

a lanti

држава

oloisi
сат

a oloisi fesi
бројчаник сата

a yuru sori
сатна казаљка

a miniti sori
минутна казаљка

a sekonde sori
секундна казаљка

O lati a de?
Колико је сати?

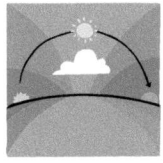

a dey
дан

a ten
време

now
сада

a oloisi
дигитални сат

a miniti
минута

a yuru
час

a wiki
седмица

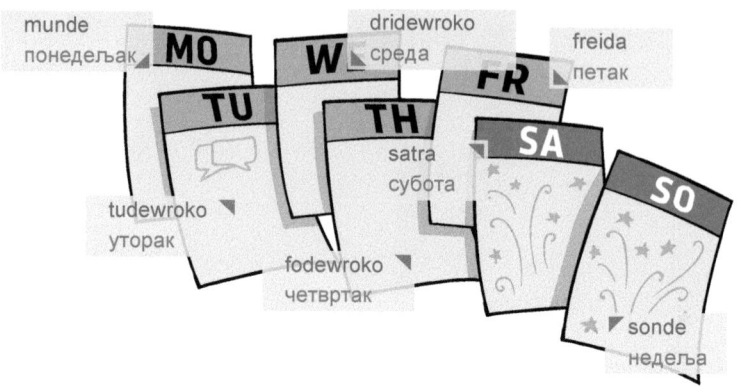

munde — понедељак
tudewroko — уторак
dridewroko — среда
satra — субота
fodewroko — четвртак
freida — петак
sonde — недеља

esde
juче

tide
данас

tamara
сутра

a mamanten
jутро

a bakadina
подне

a neti
вече

den wrokodei
радни дани

a weekend
викенд

a yari

година

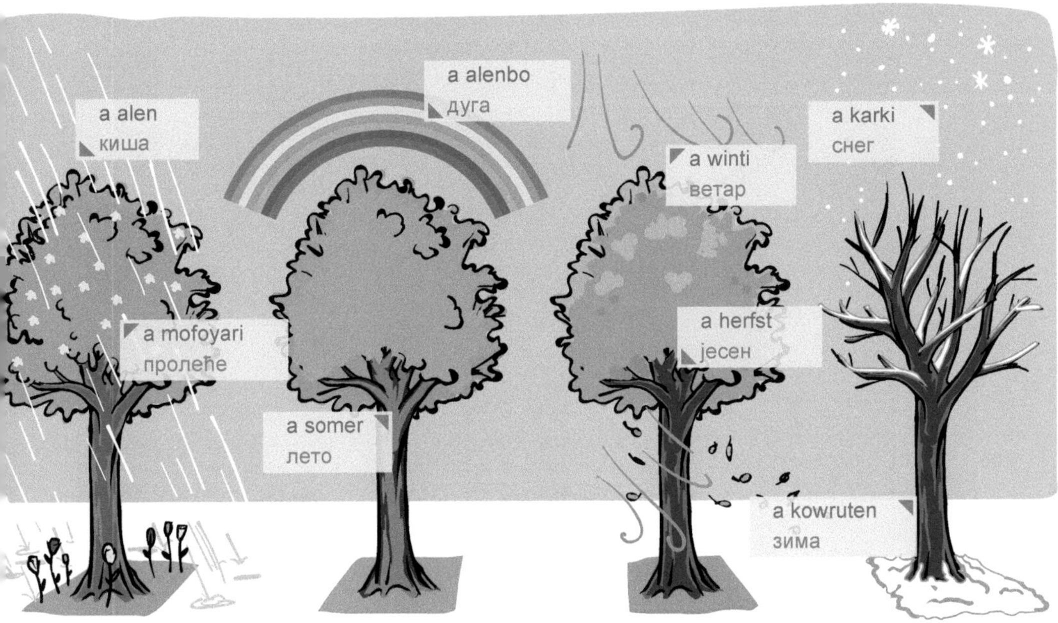

a alen
киша
a alenbo
дуга
a winti
ветар
a karki
снег
a mofoyari
пролеће
a herfst
јесен
a somer
лето
a kowruten
зима

4.APRIL 11°
5.APRIL 4°
6.APRIL 13°
7.APRIL 8°
8.APRIL 10°

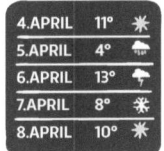

a taki fu a weer

метеоролошка прогноза

F C

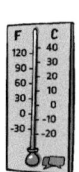

a thermometer

термометар

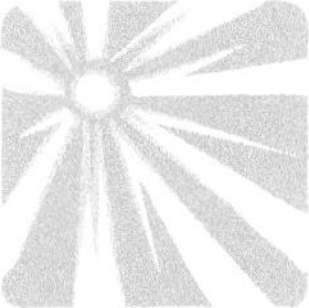

a skèin fu a son

сунчана светлост

a wolku

облак

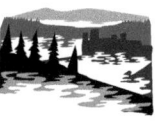

a dow

магла

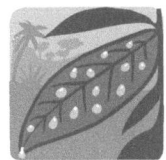

a loktu foktu

влажност ваздуха

a faya

муња

a dondru

грмљавина

a sekiwatra

олуја

a agra

туча

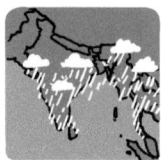

a bigi skwala

монсун

a frudu

поплава

a èisi

лед

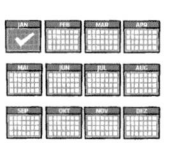

januari

јануар

februari

фебруар

maart

март

april

април

mei

мај

juni

јуни

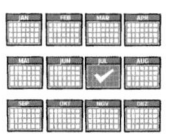

juli

јули

augustus

август

a yari - година

september

септембар

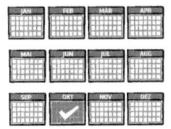

oktober

октобар

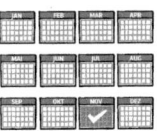

nofember

новембар

december

децембар

den form
облици

a lontu

круг

a fokanti

квадрат

a fokanti naga langa sei

правоугао

a dri-uku

троугао

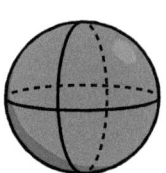

a lontu

кугла

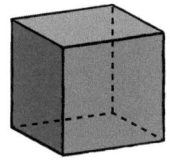

a kubus

коцка

kloru
боје

witi
бела

geri
жута

alanya
наранџаста

ròs
ружичаста

redi
црвена

lila
љубичаста

blaw
плава

grun
зелена

broin
смеђа

grei
сива

blaka
црна

difrenti
супротности

tumsi / wanwan

много / мало

atibron / tiri

љутито / мирно

moi / takru

лепо / ружно

begin / kba

почетак / крај

bigi / ptyin

велико / малено

lekti / dungru

светло / тамно

brada / sisa

брат / сестра

krin / doti

чисто / прљаво

krinkrin / no bun nofo

потпуно / непотпуно

dei / neti

дан / ноћ

dede / libi

мртво / живо

bradi / smara

широко / уско

kan nyan / no kan nyan	takru / bun	prisiri / ferferi
јестиво / нејестиво	зло / добро	узбуђено / досадно

fatu / fini	fosi / lasti	mati / feyanti
дебело / мршаво	на почетку / на крају	пријатељ / непријатељ

furu / leigi	tranga / safu	hebi / lekti
пуно / празно	тврдо / мекано	тешко / лагано

angri / dreineki	siki / gesontu	no gi pasi / tru
глад / жеђ	болесно / здраво	илегално / легално

 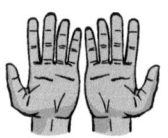 

koni / don	kruktu / leti	gi / fara
паметно / глупо	лево / десно	близу / далеко

difrenti - супротности

nyun / owru

ново / половно

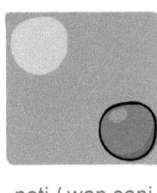

noti / wan sani

ништа / нешто

owru / jongu

старо / младо

leti / tapu

укључено / искључено

opo / tapu

отворено / затворено

safu / tranga

тихо / гласно

gudu / poti

богато / сиромашно

bun / fowtu

тачно / погрешно

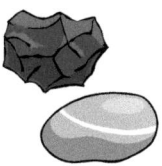

grofu / grati

храпаво / глатко

sari / breiti

тужно / сретно

shatu / langa

кратко / дуго

loli / esi esi

полако / брзо

nati / drei

мокро / сухо

warang / kowru

топло / хладно

feti / freide

рат / мир

difrenti - супротности

den nomru
бројеви

0 noti — нула

1 wan — један

2 tu — два

3 dri — три

4 fo — четири

5 feifi — пет

6 siksi — шест

7 seibi — седам

8 aiti — осам

9 neigi — девет

10 tin — десет

11 erfu — једанаест

12
twarfu
дванаест

13
tin-na-dri
тринаест

14
tin-na-fo
четрнаест

15
tin-na-feifi
петнаест

16
tin-na-siksi
шестнаест

17
tin-na-seibi
седамнаест

18
tin-na-aiti
осамнаест

19
tin-na-neigi
деветнаест

20
twenti
двадесет

100
hondru
стотину

1.000
dusun
хиљаду

1.000.000
milyun
милион

den nomru - бројеви

den tongo
језици

Ingristongo
енглески

Amerkan Ingristongo
амерички енглески

Sneisi Mandarijntongo
мандарински кинески

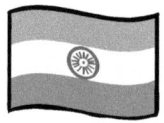
Hinditongo
хиндски

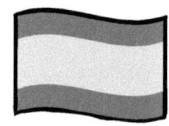
Spanyoro
шпански

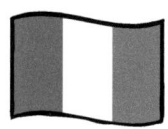
Frans
француски

Arabiatongo
арапски

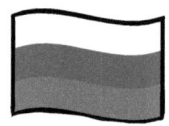
Rusitongo
руски

Potogisi
португалски

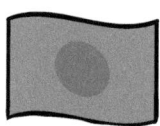
Bengalitongo
бенгалски

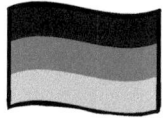
Doisritongo
немачки

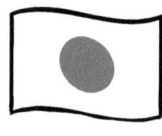
Japantongo
јапански

suma / sang / fa
ко / шта / како

mi
ja

yu
ти

en / en / en
он / она / оно

unu
ми

yu
ви

den
они

suma?
Ко?

san?
Шта?

fa?
Како?

pe?
Где?

oten?
Када?

a nen
име

ре
где

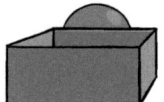

baka
иза

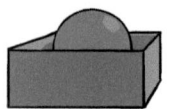

ini
у

fesi
испред

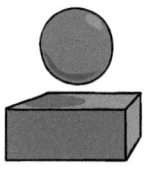

abra
преко

tapu
на

ondro
испод

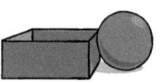

na sei
поред

mindri
између

presi
место